Arbeit ist eine so faszinierende Sache,
daß ich anderen dabei
stundenlang zuschauen könnte.

Jerome

UNGLAUBLICH! ES IST GESCHAFFT !!!

Du bist durchs Ziel!!!
Du steigst jetzt aus der Berufsbekleidung
in den Faulpelz und tust nur noch das,
was dir Spaß macht! Versprochen?

Keine Hetze mehr, kein Ärger mehr.
Vom Berufsverkehr hörst du nur noch
aus den Nachrichten, und die Klimaanlage
tauschst du gegen einen Strandkorb ein!

Vom deutschen Wesen wird gesagt,
es könne ohne Arbeit nicht leben.
Du wirst ihnen das Gegenteil beweisen.
Genieß all die herrlichen Dinge, die seit
Jahrzehnten auf dich warten, und sei versichert,
daß wir hundsmäßig neidisch sind!

Wir müssen jetzt Schluß machen,
die Arbeit ruft! Deine

....

Der sinnvolle Lebensabend

Jetzt konzentriert sich die Pensionärin/der Pensionär ganz
auf die Fähigkeiten, die sie/er bisher im Geheimen gehütet hat.
Oberpostrat Huber z.B. hat zeit seines Privatlebens im stillen Heim
die Tuba geblasen und es mit der Zeit zu einem ansehnlichen
Repertoir gebracht. Als Pensionär macht er nun auf Bestellung
Hausbesuche und gibt seine gängigsten Titel zum Besten.
Dieser Fall ist ein Dokument von erfüllter Lebensgestaltung und
Kulturpflege gleichermaßen. Abgerechnet wird nach Noten,
Herr Huber bläst aber auf Wunsch auch schwarz.
Wegen der starken Nachfrage sind Vorbestellungen erbeten.

Angebereien

In der Nachbetrachtung eines Arbeitslebens schleicht sich mehr und mehr Verklärung ein. Aus Stühlen werden dann Chefsessel, aus Amtsstuben werden Regierungsgebäude. Hier sollte man nicht allzu kritisch sein und einem Menschen gegenüber, der die Gnade des Ruhestandes geschenkt bekommen hat, Milde walten lassen. Wer prahlt, ist auch ein wenig stolz, und wer stolz ist, darf auch ein wenig prahlen. Man selber gibt ja auch an, wie eine Lore Affen – und das völlig grundlos.

Traumalter

Das Magazin für den Ruhestand

In der neuesten Ausgabe:
Wie gehe ich mit den alten Kollegen um?
Was tun, wenn Aktivität aufkommt?
Wie bewältige ich meine Freizeit?
Wie lege ich die Pension an?
Wie tröste ich die arbeitende Bevölkerung?
Und vieles mehr in der neuesten Ausgabe von

Traumalter

Oh nein, jetzt ist der Tag gekommen,
wie das Gesetz ihn vorgesehen,
doch sagen wir beklommen,
wir lassen dich nicht gerne gehen.

Oh ja, wir gönnen dir die Ruhe,
du kannst jetzt tun, was dir gefällt,
sortier das Geld in deiner Truhe
und reise durch die ganze Welt.

Oh weh, was soll nun aus uns werden,
ein wenig neidisch sind wir schon,
uns scheint, wir sind die einzigen auf Erden,
die beugen sich der täglich' Fron.

Oh, oh, wir wollen hier nicht jammern,
du sollst allein mit Freude gehn.
Drum dürfen wir nicht an dir klammern,
und nun hau ab und mach's dir schön!

Aus dem satirischen Wochenblatt „Kladderadatsch", Jahrgang 1906

Hagen. A.G.: Das „Westf. Tageblatt" (Nr. 272) sagt bei der Beschreibung des Jubiläums der Firma Bechem & Post: „Jeder Arbeiter erhielt seinem Dienstalter entsprechend einen Geldschrank." *Wir können hinzufügen, daß das 9jährige Töchterchen des einen Inhabers jedem Arbeiter seinen Geldschrank im Kuvert überreichte.*

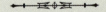

Dortmund. F. St.: Aus der Sitzung des Braunschweigischen Landtags berichtet der „Dortmunder Generalanzeiger" (Nr. 264): Der Referent Abg. Retemeyer führte folgendes aus: „Wenn wir auf die vor uns liegenden 21 Jahre zurückblicken, so können wir uns mit Genugtuung und Dankbarkeit freuen usw." *Wenn der Abg. Retemeyer es fertig bringt, auf 21 vor ihm liegende Jahre zurückzublicken, so kann er jedenfalls mehr als nur Brot essen, wie man zu sagen pflegt.*

Kiel. Frhr. v. Sch.: Nr. 217 der „Kieler N.N." teilen über den Lebenslauf des soeben geadelten Oberst von Eden u. a. mit: „Bereits als junger Oberleutnant wurde er 1882 Reitlehrer bei der Militär-Reitanstalt und war als solcher bis 1894, also 12 Jahre tätig. Er war auch längere Jahre als Master der königlichen Meute Leiter der Reitjagden bei der Militärarrestanstalt." *Nanu! Danach*

scheint ja die Militärarrestanstalt ein ganz fideles Gefängnis zu sein!

Rostock. H.: Die „Rostocker Zeitung" vom 25 Juli berichtet unter „Arbeiterveteranen": „Auf der v. Oertzenschen Begüterung zu Rotelow bei Friedland konnten am Sonntag die Tagelöhner Altenteiler Schnack und Köppe auf eine 60jährige, die Tagelöhner Altenteiler-Stechow und Lehrer Mülling auf eine 50jährige Dienstzeit zurückblicken. Der Gutsherr gab den Leuten ein entsprechendes Fest." *Jawohl, die Lehrer in Mecklenburg sind Tagelöhner, wenn sie auch nur einen sehr bescheidenen Tagelohn beziehen. Ob die Jubilare auf dem entsprechenden Fest auch getanzt haben?*

Neuhaus (Kr. Waldenburg). P. H.: Im „Berliner Tageblatt" vom 9. Juli ist zu lesen: „Eine Marschleistung ersten Ranges hat, wie uns aus New York geschrieben wird, der 68 Jahre alte Edw. Panson Weston von New York ausgeführt, indem er beinahe die 100 Meilen lange Strecke vom Stadthause in Philadelphia bis zum Stadthause in New York in 23 Minuten 26 Sekunden zurücklegte. Er hat damit seinen eigenen Rekord von 23 Stunden 49 Minuten übertroffen, den er als 25jähriger junger Mann vor 43 Jahren geschafft hatte." *Und wie hat Panson sich selbst übertroffen! Oder sollte – was ja allerdings im Land der Ehrlichkeit kaum glaublich erscheint – ein kleiner Schwindel vorliegen?*

Salzwedel. M. C.: In Berlin feierte vor kurzem der Rabbiner Prof. Dr. Manbaum sein 25jähriges Amtsjubiläum. Darüber brachte das „Berliner Tageblatt" (Nr. 259) einen Bericht, in dem es heißt: „Die Festrede hielt Dr. Salomonsky. Er würdigte die Verdienste des Verstorbenen, namentlich auf dem Gebiete der praktischen Theologie. Tiefbewegt dankte der Jubilar." *Natürlich mußte er tiefbewegt sein, als er, eben erst totgesagt, dahinterkam, daß er noch lebte.*

Lemgo. S.: In der „Lippischen Post" (Nr. 4) liest man: „Der älteste Kellner scheint auf Grund einer Umfrage eines gastronomischen Blattes jetzt nach monatelangem Suchen festgestellt zu sein. Es ist ein Oberkellner im Hotel Baden in Elbing, der am 8. November 1882 geboren ist." *Das gastronomische Blatt muß sehr oberflächlich herumgefragt haben. Wir selbst kennen verschiedene Kellner, die jedenfalls älter als 23 Jahre sind.*

Diese abgedruckten Texte sind original, ungekürzt und unverfälscht übernommen. Unser Dank geht an „Kaisers Zeiten".

Die Redaktion

Wir entsorgen Ihre Berufskleidung!

Kittel
Overalls
Jacken
Latzhosen
Schürzen
Wollwesten
Schlafanzüge

mit und ohne Aufdruck!

werden schnell und spurlos aus Ihrem Leben verschwinden.

WORKDRESS RECYCLING
444578 Malochingen

Anzeige

Arbeiten?
Nein, Danke!

Das habe ich hinter mir.
Heute treffe ich mich mit meinen Freunden.
In Moskau, zur Wodka-Ernte. In Paris, zum Klatsch- und
Tratschturnier. In Oslo, zu den Schmink-Tagen.
Und was die Reise betrifft, da verlaß ich mich auf mein
Reiseunternehmen.

Oldie-Tours
Sicher hin. Irgendwann zurück.

„Unser Amtsvorsteher tritt in den Ruhestand! Wir mochten ihn sehr!"

Können Sie noch ohne Arbeit leben?

Der Wecker klingelt. Was tun Sie?
    a) Sie stehen auf.
    b) Sie gehen ins Bett.
    c) Sie wecken ihren Partner.
    d) Sie zertrümmern das Weckteil.

Ihr Vorgesetzter ruft an. Wie reagieren Sie?
    a) Sie sind nicht da.
    b) Sie melden sich mit falschem Namen.
    c) Sie hören aufmerksam zu.
    d) Sie legen sofort wieder auf.

Eine Arbeitskollegin besucht Sie. Wie verhalten Sie sich?
    a) Sie öffnen ihr im Bademantel.
    b) Sie laden sie zum Abwasch ein.
    c) Sie schieben ihr eine Nachricht unter der Tür durch.
    d) Sie bitten sie herzlich, doch einzutreten.

*Sie gehen an einem großen Bürogebäude vorbei.
Was empfinden Sie?*

- *a) Abscheu.*
- *b) Neid.*
- *c) Freude.*
- *d) Kälte.*

*Ihr Nachbar spricht ständig von seinen beruflichen
Erfolgen. Wie gehen Sie damit um?*

- *a) Sie trösten ihn.*
- *b) Sie bitten um Beweise.*
- *c) Sie meiden ihn.*
- *d) Sie rufen seinen Arzt an.*

*Man bietet Ihnen eine leichte, hochbezahlte Tätigkeit an.
Wie ist Ihre Antwort?*

- *a) Ich komme!!*
- *b) Mörder!*
- *c) In welcher Sendung sind wir?*
- *d) Vielleicht in meinem zweiten Leben!?*

**Ergebnis: Die Tatsache, daß Sie sich Zeit genommen haben, diesen
Test zu machen, beweist, daß Sie sehr wohl ohne Arbeit leben können.
Andere Ergebnisse sind ohne wissenschaftlichen Wert.**

„Wer ist die kostümierte Person, die in letzter Zeit heimkehrende Pensionäre mit großer Heiterkeit und einer mächtigen Kirsch-Sahne-Torte überfällt? Hinweise bitte an den Deutschen Beamtenbund!"

So halten Sie eine Dankesrede

Lenken Sie die Aufmerksamkeit auf sich!
(Teller runterwerfen, Trillerpfeife, „Feierabend!" rufen.)

Erklären Sie den Hintergrund ihrer Aufdringlichkeit!
(Bedeutung des Augenblicks, Sehnsucht nach Abrechnung.)

Schildern Sie nun das Leid Ihrer beruflichen Laufbahn!
(Versäumte Beförderungen, versagte Anerkennungen.)

Beschreiben Sie die Tragik Ihrer kargen Besoldung!
(Überweisungsbelege, Schuldscheine, Mahnbescheide, Abschiedsbriefe.)

Verdeutlichen Sie Ihre richtungsweisenden Leistungen!
(Portokassenverlagerung, biologische Bekämpfung von Blattläusen usw.)

Reden Sie jetzt über Ihre Vorgesetzten!
(Nach Rangordnung!)

Sparen Sie nicht mit Kritik!
(Vermeiden Sie Demütigungen! Wählen Sie die Beschimpfungsform!)

Preisen Sie die sympathischen Kollegen/Kolleginnen!
(Gemeinsame Krisen, erlittene Schmach, glückliche Momente.)

Offenbaren Sie, mit wem Sie ein Verhältnis hatten!
(Alphabetisch geordnet.)

Spenden Sie Ihre Seifenschale und den Wecker!
(Auch im Rahmen einer Verlosung möglich.)

Tun Sie so, als ob Ihnen Ihre Arbeit fehlen würde!
(Nachdenklichkeit, Wehmut, Abschiedsschmerz.)

Bitten Sie darum, daß man Sie nicht vergessen möge!
(Verteilen Sie Visitenkarten mit der Adresse Ihres Ferienhauses.)

Wünschen Sie allen einen baldigen Ruhestand!
(Glaubhaft und solidarisch.)

Beenden Sie Ihre Rede mit einem berühmten Zweizeiler:
(„Aus meinem Sprachschatz, liebe Leute,
streich ich ‚die Arbeit' heute!")

Lust auf Drudel? Bitte schön:

Was ist das?

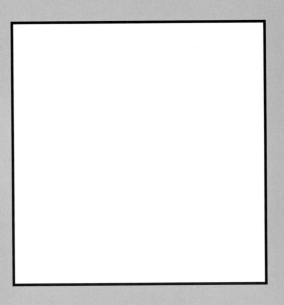

Die Arbeit eines pensionierten Zeichners!

Arbeiten, ohne zu leben, ist hart.
Leben, ohne zu arbeiten, wird hart.
Hart leben, ohne zu arbeiten.
Das isses.

Ein Märchen ...

Sie wachte auf. Draußen war's schon hell, und die Unruhe der Straße drang zu ihr. Aus der Küche zog der Duft frischer Brötchen ins Zimmer und vermischte sich mit dem köstlichen Aroma frisch gebrühten Kaffees. Ein weichgekochtes Ei war da noch und rundete die lukullische Morgenkomposition gebührend ab. Und Heinz war auch noch da , der Gute, unterm Arm die neueste Illustrierte. „Es lebe die Pensionärin!!" rief er fröhlich und küßte sie liebevoll. Da wurde ihr klar, dies war kein Traum, dies war ein Märchen. Sie rückte sich gemütlich das Kissen in den Rücken und fand, daß sie dies alles verdient hatte. Wir auch.

... wird wahr!

Peter Butschkow, ausgewanderter Berliner.
Ab 1979 ins Bergische Land,
über Hamburg nach Nordfriesland.
Zeichnet, schreibt und lebt dort im Grünen
mit zwei Söhnen und einer Lebenspartnerin.

© 1999 Lappan Verlag GmbH
Postfach 3407 · 26024 Oldenburg
Reproduktionen:
litho niemann + m. steggemann gmbh · Oldenburg
Gesamtherstellung:
Westermann Druck · Zwickau
Printed in Germany · ISBN 3-89082-862-0

Bücher, die Spaß bringen!

Udo Piller
**Viel Spaß
beim Schachspielen**

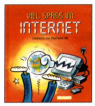
Reinhard Alff
**Viel Spaß
im Internet**

Sebby
**Wozu Männer
gut sind!**

Michael Steinig
**Viel Spaß
beim Wandern**

Herzlichen-Glückwunsch-Bücher
von Peter Butschkow

Zum eigenen Haus

Zur Beförderung

Zum Enkelkind

Zur Hochzeit

**Hurra!
Es ist ein Mädchen**

**Hurra!
Es ist ein Junge**

Zur Volljährigkeit

Zum Hochzeitstag